# El camino hacia la casa de tus sueños:

## una guía práctica para comprar tu hogar

MISAEL CARRIZO

ISBN: 9798391546528

# DEDICATORIA

A todas las personas que me han ayudado en mi crecimiento profesional en el área de ventas, especialmente a mi familia por su apoyo incondicional, y a mis padres por enseñarme a hacer lo mejor de mí mismo.

Este libro está dedicado a **todos aquellos que sueñan con tener su propia casa**, pero no saben por dónde empezar. Espero que este libro les brinde las herramientas y conocimientos necesarios para hacer realidad ese sueño.

La compra de una casa es una de las decisiones más importantes que una persona puede tomar en su vida, y requiere de mucho esfuerzo y dedicación. Espero que este libro les brinde la guía necesaria para tomar decisiones informadas y acertadas en el proceso de compra de su casa de ensueño.

Gracias de nuevo a todos aquellos que me han apoyado y ayudado en mi carrera profesional y personal. Este libro es mi forma de devolver todo ese amor y apoyo.

# CONTENIDO

# AGRADECIMIENTOS

Quiero dedicar este libro a mi esposa, mi compañera de vida y la fuerza que me impulsa a ser una mejor persona cada día. Gracias por estar siempre allí para mí, en los buenos y en los malos momentos, y por ayudarme a superar los momentos difíciles con tu amor y apoyo incondicional.

Tu fe en mí y tu compromiso con nuestra familia han sido un ejemplo constante de fortaleza y determinación. Gracias por enseñarme a ser paciente, por escucharme y por apoyarme en todo lo que hago.

Sin ti, este libro no habría sido posible. Tus palabras de aliento, tus abrazos y tu amor han sido la fuente de mi inspiración y motivación en todo momento.

Este libro es mi forma de agradecerte por todo lo que has hecho por mí y por nuestra familia. Espero que este libro sea una muestra de mi amor y agradecimiento hacia ti, y que te haga sentir orgullosa de todo lo que hemos logrado juntos.

# 1 ESTABLECE UN PRESUPUESTO

Comprar una casa es uno de los pasos más importantes en la vida de una persona, y requiere una planificación cuidadosa para asegurarse de que se tomen las decisiones correctas. El primer paso en este proceso es establecer un presupuesto realista para la compra de la casa de tus sueños.

Para establecer un presupuesto adecuado, es importante tener en cuenta una serie de factores. En primer lugar, debes considerar tus ingresos y gastos mensuales actuales. Esto te dará una idea clara de cuánto puedes permitirte gastar en tu nueva casa sin comprometer tu situación financiera actual.

Una vez que tengas una idea clara de tu presupuesto mensual, es hora de investigar el mercado inmobiliario local para tener una idea de los precios de las casas en tu zona deseada. Puedes hacer esto visitando sitios web de bienes raíces o hablando con agentes inmobiliarios locales. Asegúrate de tener en cuenta los gastos adicionales, como el impuesto a la propiedad y los costos de cierre.

Es importante tener en cuenta que el costo de la casa en sí misma no es el único factor que debes considerar al establecer tu presupuesto. También debes considerar los costos asociados con la propiedad de una casa, como los gastos de mantenimiento, reparación y seguro. Estos gastos pueden aumentar significativamente el costo total de la propiedad y deben ser considerados en tu presupuesto.

Una vez que hayas establecido un presupuesto realista para tu compra de casa, es importante apegarse a él. Asegúrate de que cualquier casa que consideres esté dentro de tu presupuesto y no te excedas en los gastos.

Establecer un presupuesto adecuado es el primer paso para lograr el sueño de comprar tu propia casa. Con una planificación cuidadosa y un presupuesto realista, puedes tomar las decisiones correctas para encontrar la casa de tus sueños sin comprometer tu situación financiera actual.

Además, es importante recordar que el proceso de establecer un presupuesto para la compra de una casa puede llevar tiempo y esfuerzo. Es posible que debas ajustar tus gastos mensuales y ahorrar dinero durante varios meses o incluso años antes de poder comprar la casa que deseas. Sin embargo, este esfuerzo valdrá la pena a largo plazo, ya que te permitirá comprar una casa que puedes pagar cómodamente y que te brindará la estabilidad y la seguridad que necesitas.

Otro factor importante a tener en cuenta al establecer tu presupuesto es el tipo de préstamo hipotecario que planeas utilizar para financiar la compra de tu casa. Hay varios tipos de préstamos hipotecarios disponibles, y cada uno tiene sus propias tasas de interés y requisitos de pago inicial. Es importante investigar y comparar cuidadosamente las opciones disponibles para asegurarte de encontrar el préstamo que mejor se adapte a tus necesidades y presupuesto.

Una vez que hayas establecido tu presupuesto y hayas investigado tus opciones de préstamo hipotecario, estarás listo para comenzar la búsqueda de tu casa de ensueño. Recuerda que el proceso de compra de una casa puede ser abrumador en ocasiones, pero con una planificación cuidadosa y un presupuesto realista, puedes tomar las decisiones correctas y encontrar la casa perfecta para ti y tu familia.

Para calcular tu presupuesto para comprar una casa, es

importante tener en cuenta varios factores clave. A continuación, te proporcionamos algunos pasos que puedes seguir para establecer un presupuesto adecuado:

**Evalúa tus ingresos:** Debes tener en cuenta tus ingresos mensuales para determinar cuánto puedes permitirte pagar por una casa. Asegúrate de tener en cuenta todos tus ingresos regulares, incluyendo tus ingresos por trabajo, inversiones, intereses y cualquier otro ingreso que recibas.

**Analiza tus gastos:** Una vez que hayas evaluado tus ingresos, es importante analizar tus gastos mensuales. Asegúrate de incluir todos tus gastos regulares, como el alquiler, los servicios públicos, los gastos de transporte, los gastos de alimentación y cualquier otro gasto recurrente.

**Considera los costos asociados con la propiedad de una casa:** Además de los pagos mensuales de la hipoteca, debes tener en cuenta otros costos asociados con la propiedad de una casa, como los impuestos a la propiedad, los seguros de hogar, las reparaciones y el mantenimiento. Estos costos pueden variar dependiendo de la ubicación y las características de la casa que deseas comprar.

**Establece un pago inicial:** Es importante tener en cuenta que, para la mayoría de los préstamos hipotecarios, se requiere un pago inicial. Asegúrate de tener en cuenta este costo al establecer tu presupuesto.

**Busca orientación de un profesional:** Si no estás seguro de cómo establecer un presupuesto adecuado, es recomendable que busques orientación de un profesional, como un asesor financiero o un agente de bienes raíces.

Siguiendo estos pasos, podrás establecer un presupuesto realista para comprar tu casa de ensueño. Recuerda que es importante ser realista y disciplinado en tus gastos para asegurarte de que puedas pagar cómodamente tu hogar y mantener tu estabilidad financiera a largo plazo.

# 2 HAZ UNA LISTA DE TUS NECESIDADES

En este capítulo, abordaremos la importancia de identificar tus necesidades y deseos en una casa antes de comenzar la búsqueda.

Para hacer una lista de tus necesidades, primero debes considerar el tamaño de tu familia y cuántas habitaciones necesitarás. También debes tener en cuenta la ubicación, el vecindario y la proximidad a servicios como escuelas, tiendas y transporte público.

Otro factor importante a considerar es la edad y el estilo de la casa que deseas. ¿Prefieres una casa nueva o una más antigua con carácter y encanto? ¿Quieres un hogar de estilo rústico o una casa moderna con tecnología avanzada?

También debes tener en cuenta las características específicas que son importantes para ti, como una gran cocina, un patio trasero para tus hijos o mascotas, o una habitación adicional que puedas utilizar como oficina o sala de juegos.

Al hacer una lista de tus necesidades, también es importante considerar tu presupuesto. Es posible que no puedas obtener todo lo que deseas en una casa, por lo que es importante establecer prioridades y tener una lista clara de lo que es esencial para ti.

Recuerda, tu lista de necesidades y deseos en una casa puede cambiar a medida que avanzas en el proceso de búsqueda. Es importante ser flexible y estar dispuesto a hacer ajustes a medida que descubres nuevas opciones y aprendes más sobre lo que está disponible en el mercado.

además de hacer una lista de tus necesidades, también es importante considerar tus deseos. Encontrar una casa que satisfaga tanto tus necesidades como tus deseos puede ser el equilibrio perfecto para ti y tu familia.

Es importante recordar que la compra de una casa es una inversión a largo plazo. Es posible que debas vivir en tu hogar durante varios años, por lo que debes asegurarte de que se adapte a tus necesidades actuales y futuras. Es posible que desees considerar tus planes a largo plazo, como la expansión de tu familia o un cambio de trabajo que pueda afectar tus necesidades de vivienda.

Una vez que hayas hecho una lista de tus necesidades y deseos, es hora de comenzar la búsqueda de tu hogar ideal. Puedes utilizar sitios web de bienes raíces, agentes de bienes raíces locales o simplemente conducir por las áreas que te interesan para encontrar casas a la venta.

Recuerda, no te sientas presionado para tomar una decisión rápidamente. Tomate el tiempo necesario para revisar tus opciones y asegúrate de que la casa que elijas sea la adecuada para ti y tu familia.

En resumen, hacer una lista de tus necesidades y deseos es un paso importante en el proceso de compra de una casa. Al identificar lo que es esencial y lo que es deseable, puedes enfocar tu búsqueda y encontrar la casa perfecta para ti y tu familia.

Para hacer una lista completa de tus necesidades y deseos, puedes considerar hacer las siguientes preguntas:

¿Cuántas habitaciones necesito?
¿Necesito espacio adicional para un escritorio o sala de estudio?
¿Cuántos baños necesito?

¿Prefiero una casa de un solo nivel o de varios niveles?
¿Necesito espacio de almacenamiento adicional?
¿Qué tipo de cocina me gustaría tener?
¿Necesito una habitación adicional para invitados?
¿Qué tipo de espacio exterior me gustaría tener? ¿Un patio trasero, un jardín, una terraza o una piscina?
¿Qué tipo de vecindario me gustaría tener?
¿Necesito una casa cerca de escuelas, tiendas, transporte público u otras comodidades?
Estas preguntas te ayudarán a tener una idea clara de tus necesidades básicas. Además, puedes considerar preguntas adicionales para identificar tus deseos y preferencias personales. Por ejemplo:

¿Me gustaría tener una vista panorámica?
¿Quiero una casa de estilo tradicional o moderno?
¿Prefiero una casa con una chimenea o una piscina cubierta?
¿Quiero tener una oficina en casa?
¿Quiero tener una casa con un amplio garaje para múltiples vehículos?

# 3 INVESTIGA

El siguiente capítulo "Investiga" es un paso crucial en el proceso de compra de una casa. Una vez que hayas establecido un presupuesto y hayas hecho una lista de tus necesidades y deseos, es hora de investigar.

La investigación implica explorar y aprender todo lo posible sobre el mercado de bienes raíces, las diferentes áreas geográficas y los tipos de casas que te interesan. Aquí hay algunos consejos para ayudarte a comenzar tu investigación:

Investiga el mercado: Asegúrate de estar informado sobre el mercado inmobiliario. ¿Está el mercado en alza o a la baja? ¿Cuál es el rango de precios en las áreas que te interesan? ¿Hay alguna tendencia en la que debas enfocarte?

Investiga las áreas geográficas: Investiga las áreas geográficas que te interesan. ¿Cómo es el vecindario? ¿Es seguro? ¿Qué tan cerca están las escuelas, tiendas y transporte público? ¿Hay algún plan de desarrollo que pueda afectar el valor de las propiedades?

Investiga los tipos de casas: Investiga los diferentes tipos de casas que se ajustan a tu presupuesto y lista de necesidades. ¿Prefieres una casa nueva o una antigua? ¿Una casa de un solo nivel o de varios niveles? ¿Qué tipo de construcción te gusta?

Habla con expertos: Habla con agentes de bienes raíces locales, banqueros y otros expertos en el mercado de bienes raíces para obtener información valiosa. Ellos pueden ayudarte a comprender el mercado y las diferentes áreas geográficas.

Visita propiedades: Una vez que hayas investigado, es hora

de visitar propiedades. Visita tantas propiedades como sea posible y toma notas sobre lo que te gusta y lo que no te gusta. Esto te ayudará a afinar tus opciones.

Además, es importante tener en cuenta que la investigación es una tarea que lleva tiempo y paciencia. No te apresures y toma tu tiempo para encontrar la casa de tus sueños. Aquí hay algunos consejos adicionales para ayudarte en tu investigación:

Utiliza herramientas en línea: Hay muchas herramientas en línea disponibles para ayudarte a investigar el mercado de bienes raíces. Utiliza sitios web de bienes raíces para buscar propiedades en las áreas que te interesan y para obtener información sobre los precios y la actividad del mercado.

Asiste a las exhibiciones de propiedades: Asiste a las exhibiciones de propiedades organizadas por agentes de bienes raíces para ver una variedad de propiedades en un solo lugar. Esto te permitirá ver diferentes tipos de casas y te dará una idea de lo que está disponible en tu rango de precios.

Haz preguntas: Cuando visites propiedades, asegúrate de hacer todas las preguntas que tengas. No te preocupes por parecer inexperto, los agentes de bienes raíces y los propietarios están allí para ayudarte. Pregúntales sobre la historia de la propiedad, las reparaciones realizadas, las características de la casa y cualquier otra cosa que sea importante para ti.

Observa detenidamente: Al visitar propiedades, presta atención a los detalles. Observa la calidad de la construcción, la iluminación natural, la ventilación, el ruido exterior, la orientación de la casa y otros detalles que puedan ser importantes para ti.

Mantén un registro: Mantén un registro de las propiedades que has visitado y toma notas sobre lo que te gusta y lo que no te gusta. Esto te ayudará a recordar lo que viste y a comparar las propiedades cuando estés listo para tomar una decisión.

Además, al investigar, también debes tener en cuenta factores importantes como la ubicación, el vecindario, las comodidades cercanas, el transporte y la seguridad. Aquí hay algunas preguntas importantes que debes considerar al investigar:

¿La ubicación es conveniente para tu trabajo, escuela y otros compromisos importantes?

¿El vecindario es seguro y tiene una buena reputación?

¿Hay comodidades cercanas, como tiendas, restaurantes, parques y lugares de entretenimiento?

¿Hay buen transporte público en la zona?

¿Hay alguna construcción o desarrollo planificado en la zona que pueda afectar el valor de la propiedad?

¿La propiedad está cerca de cualquier fuente de ruido, como una carretera concurrida, vías del tren o aeropuerto?

¿La propiedad tiene las características que son importantes para ti, como un jardín, una piscina o una cocina amplia?

Recuerda que la investigación es esencial para tomar una decisión informada al comprar una casa. Al hacer una investigación cuidadosa, podrás encontrar la casa de tus sueños en el vecindario adecuado y al precio correcto.

# 4 CONTRATA UN AGENTE INMOBILIARIO

Un agente inmobiliario es un profesional con experiencia en el mercado inmobiliario que puede ayudarte en todo el proceso de compra de una casa, desde la búsqueda de propiedades hasta el cierre de la transacción.

Un agente inmobiliario tiene una comprensión completa del mercado inmobiliario, lo que significa que pueden ayudarte a encontrar la casa adecuada en el vecindario adecuado y al precio adecuado. También pueden ayudarte a navegar por el proceso de compra de una casa, lo que puede ser complicado y estresante sin ayuda profesional.

Además, un agente inmobiliario puede ayudarte a negociar con el vendedor y su agente, lo que puede ahorrarte dinero en el precio de compra. También pueden ayudarte a evitar problemas legales y financieros al asegurarse de que se sigan todos los procedimientos y requisitos necesarios.

También es importante tener en cuenta que los agentes inmobiliarios pueden tener acceso a propiedades que no están disponibles para el público en general, lo que significa que pueden encontrar casas que se adapten a tus necesidades y presupuesto que de otra manera no hubieras conocido. Además, un agente inmobiliario puede brindarte información valiosa sobre el vecindario y la comunidad en la que estás interesado, lo que te ayudará a tomar una decisión más informada al momento de comprar una casa.

Para encontrar al agente inmobiliario adecuado, es importante hacer una investigación cuidadosa. Puedes preguntar a amigos y familiares si conocen a un buen agente, o puedes buscar en línea y leer reseñas de otros clientes.

También puedes entrevistar a varios agentes inmobiliarios antes de tomar una decisión final, para asegurarte de que sientas una buena conexión con ellos y que se comuniquen de manera efectiva contigo.

Seleccionar al agente inmobiliario adecuado puede marcar la diferencia en la compra de tu casa de ensueño. Aquí hay algunos consejos para ayudarte a elegir un agente inmobiliario:

Investiga: Investiga a los agentes inmobiliarios en tu área. Puedes buscar en línea, leer reseñas y pedir referencias a amigos y familiares. También puedes consultar con la Asociación de Agentes Inmobiliarios de tu zona.

Comunícate: Habla con los agentes inmobiliarios que estás considerando y hazles preguntas. Pregúntales sobre su experiencia, su historial de ventas, y cómo se comunicarán contigo durante el proceso de compra.

Conéctate: Asegúrate de que te sientas cómodo con el agente inmobiliario y que tengas una buena conexión con ellos. La compra de una casa es un proceso importante y a menudo emocional, por lo que es importante tener un agente con el que te sientas cómodo y puedas comunicarte efectivamente.

Revisa sus credenciales: Asegúrate de que el agente inmobiliario esté debidamente licenciado y tenga buenas referencias de sus clientes anteriores. También puedes verificar su historial en la página web de la Asociación de Agentes Inmobiliarios de tu zona.

Evalúa su enfoque: Comprende el enfoque del agente inmobiliario en cuanto a la compra de una casa. Asegúrate de que comprendan tus necesidades y expectativas, y que estén dispuestos a trabajar contigo para encontrar la casa adecuada.

Una vez que hayas seleccionado a tu agente inmobiliario, es importante que establezcas una buena comunicación con ellos. Proporciónales una lista de tus necesidades y deseos para tu casa de ensueño, así como cualquier presupuesto que hayas establecido. También es importante que discutas tus expectativas con respecto a la comunicación y el proceso en sí mismo.

Tu agente inmobiliario puede ayudarte a buscar casas que se ajusten a tus necesidades y a programar visitas. Asegúrate de comunicar tus impresiones sobre cada casa que visiten juntos, ya que esto les ayudará a refinar su búsqueda.

Recuerda, tu agente inmobiliario está allí para ayudarte durante todo el proceso de compra, desde la búsqueda de casas hasta la negociación de precios y la firma del contrato de compra-venta. Asegúrate de aprovechar su experiencia y conocimientos.

# 5 VISITA LAS VIVIENDAS

El agente de bienes raíces tendrá un papel fundamental durante las visitas a las viviendas. Él o ella puede ayudarte a encontrar propiedades que cumplan con tus criterios de búsqueda, programar visitas y proporcionar información sobre la propiedad y la zona circundante.

Además, el agente también puede:

Guiarte a través del proceso de compra: El agente puede asesorarte sobre el proceso de compra de una vivienda y proporcionar información sobre el financiamiento, los documentos necesarios y los plazos importantes.

Analizar la propiedad: El agente puede ayudarte a analizar la propiedad y proporcionar información sobre la condición de la casa, la edad del techo, la edad del sistema de calefacción, el estado de las tuberías y otros detalles importantes que pueden afectar la decisión de compra.

Comparar precios: El agente puede ayudarte a comparar los precios de la propiedad con los de otras casas en la zona y hacer recomendaciones sobre la oferta a presentar al vendedor.

Negociar en tu nombre: El agente puede actuar como intermediario entre tú y el vendedor y negociar en tu nombre para obtener el mejor precio y las mejores condiciones de venta posibles.

Proporcionar información sobre la comunidad: El agente puede proporcionar información sobre la comunidad y los servicios cercanos, como escuelas, parques y tiendas, para ayudarte a tomar una decisión informada sobre tu compra.

Además, durante la visita a la propiedad, el agente de bienes raíces puede guiarte a través de los diferentes aspectos de la casa, como la distribución de la misma, la cantidad de habitaciones y baños, el tamaño del jardín o la terraza, la edad de la propiedad y cualquier detalle adicional que pueda ser relevante para ti.

Es importante que durante la visita a la propiedad, estés atento a detalles importantes que puedan afectar tu decisión de compra, como la calidad de los acabados, la cantidad de luz natural que entra en la casa, la orientación de la propiedad y la proximidad de las propiedades vecinas.

No dudes en hacer preguntas al agente de bienes raíces si hay algo que no está claro o si necesitas más información sobre la propiedad. Es importante que te sientas cómodo haciendo preguntas y que obtengas toda la información que necesitas para tomar una decisión informada.

Una vez que hayas visitado varias propiedades, compara las notas y las fotografías que tomaste durante las visitas. Haz una lista de las ventajas y desventajas de cada propiedad y compáralas con tus criterios de búsqueda. De esta manera, podrás reducir tu lista y centrarte en las propiedades que más se adapten a tus necesidades y preferencias.

Algunas de las principales preguntas que debo hacer cuando visito una vivienda:

¿Por qué el propietario está vendiendo la propiedad?
¿Cuánto tiempo lleva la propiedad en el mercado?
¿Cuál es el precio de venta de la propiedad?
¿Hay algún tipo de oferta o incentivo para la compra de la propiedad?
¿Cuál es el tamaño y distribución de la propiedad?
¿Cuál es la edad de la propiedad?
¿Cuánto tiempo ha vivido el propietario en la propiedad?

¿Cuáles son los gastos asociados con la propiedad, como impuestos, mantenimiento y servicios públicos?

¿La propiedad ha sido renovada o actualizada recientemente?

¿Cuál es la calificación de energía de la propiedad?

¿Hay algún problema con el vecindario?

¿Cuáles son las comodidades cercanas, como escuelas, parques y tiendas?

¿Hay algún problema estructural o de construcción en la propiedad?

¿La propiedad tiene alguna característica especial, como una vista o una piscina?

¿Hay algún problema con el estado legal de la propiedad?

¿La propiedad viene con algún tipo de garantía o seguro?

¿Cuál es el plazo de entrega para la propiedad?

¿Hay algún problema con los vecinos o la asociación de propietarios?

¿Hay algún tipo de restricción o limitación sobre cómo se puede utilizar la propiedad?

¿Hay algún plan de desarrollo futuro para el área cercana a la propiedad?

Hacer estas preguntas te permitirá obtener información valiosa sobre la casa y su historia, así como conocer las características y detalles de la propiedad. También te permitirá evaluar si la casa cumple con tus necesidades y expectativas, y te ayudará a tomar una decisión informada al momento de elegir tu hogar ideal. Al hacer estas preguntas, podrás conocer más sobre la propiedad, el vecindario y las condiciones de compra, lo que te permitirá tomar la mejor decisión posible.

# 6 HAZ UNA OFERTA

Antes de hacer una oferta, debes considerar varios factores para asegurarte de que estás haciendo una oferta justa y realista. Aquí hay algunos factores importantes que debes tener en cuenta al hacer una oferta:

Compara los precios: Investiga el precio de las propiedades similares en la zona para tener una idea del valor de mercado.

Evalúa el estado de la propiedad: Si hay reparaciones o actualizaciones necesarias, debes tener en cuenta el costo adicional de realizar estas mejoras.

Considera el tiempo en el mercado: Si la propiedad ha estado en el mercado por un período prolongado, el vendedor podría estar dispuesto a aceptar una oferta más baja.

Analiza el mercado: Si el mercado inmobiliario está en una situación de baja oferta y alta demanda, es posible que debas hacer una oferta por encima del precio de venta para asegurar la propiedad.

Conoce tus límites financieros: Asegúrate de hacer una oferta dentro de tu presupuesto y de acuerdo a tus planes financieros a largo plazo.

Consulta a tu agente: Pregúntale a tu agente de bienes raíces sobre la oferta que planeas hacer y si es adecuada para la propiedad y el mercado actual.

Prepara una carta de presentación: Si hay múltiples ofertas, una carta de presentación personalizada puede ayudarte a destacar y aumentar tus posibilidades de obtener la propiedad.

Sé flexible: Si bien es importante tener en cuenta tus límites financieros, también es importante ser flexible y estar dispuesto a negociar términos y precios con el vendedor.

Conoce los términos: Asegúrate de entender los términos de la oferta, como los plazos de cierre y los requisitos de financiamiento.

Mantén la calma: Haz una oferta basada en la investigación y la lógica, en lugar de la emoción del momento. Mantén la calma y enfócate en hacer una oferta justa y realista.

aquí te dejo una guía paso a paso de cómo realizar una oferta para una casa:

Haz una oferta por escrito: Lo primero que debes hacer es poner tu oferta por escrito. De esta manera, te aseguras de que todas las condiciones estén claras y que no haya malentendidos. Si trabajas con un agente inmobiliario, él o ella te ayudará a preparar la oferta.

Ofrece un depósito en garantía: Al presentar una oferta, es común ofrecer un depósito en garantía. Este depósito demuestra que estás comprometido con la compra de la propiedad. El monto del depósito varía, pero suele ser entre el 1% y el 5% del precio de venta de la casa.

Fija el precio: Antes de hacer una oferta, es importante que determines el precio que estás dispuesto a pagar. Este precio debe basarse en la investigación que has realizado y en la evaluación de la casa. También debes tener en cuenta el presupuesto que estableciste y la negociación que has tenido con el agente inmobiliario.

Define los términos: Además del precio, también debes definir los términos de tu oferta. Esto incluye la fecha de cierre, las contingencias, los plazos y cualquier otra condición que desees incluir.

Contingencias: Las contingencias son cláusulas que se incluyen en la oferta y que permiten rescindir el contrato si se cumple cierta condición. Las contingencias comunes incluyen la aprobación del préstamo hipotecario, la inspección de la casa y la revisión de los registros públicos.

Fecha de cierre: La fecha de cierre es la fecha en la que se llevará a cabo la transferencia de la propiedad. Esta fecha debe ser acordada por ambas partes y debe tener en cuenta cualquier contingencia que deba cumplirse antes de la venta.

Plazos: Los plazos son los tiempos específicos en los que se deben cumplir ciertas condiciones de la oferta. Por ejemplo, puedes establecer un plazo para la inspección de la casa o para la revisión de los registros públicos.

Revisa y firma la oferta: Una vez que hayas definido todos los términos, revisa cuidadosamente la oferta y firma el documento. Asegúrate de que todos los detalles sean correctos y de que comprendes todas las condiciones de la oferta.

Presenta la oferta: Finalmente, presenta la oferta al vendedor o al agente inmobiliario. Si la oferta es aceptada, el siguiente paso será la firma del contrato de compraventa.

# 7 INSPECCIONA LA VIVIENDA

Una vez que has hecho una oferta y ésta ha sido aceptada, es importante que la vivienda sea inspeccionada antes de cerrar el trato. La inspección te permitirá detectar problemas que puedan afectar el valor de la vivienda o que puedan ser peligrosos para la seguridad de la misma.

Aquí te presentamos algunos pasos a seguir para realizar una inspección adecuada:

Contrata a un inspector: es recomendable contratar a un inspector profesional para que realice la inspección. Él o ella tendrá experiencia en la identificación de problemas y te brindará un informe detallado.

Revisa los documentos de la propiedad: antes de la inspección, es importante revisar todos los documentos de la propiedad, como el título de propiedad, los permisos de construcción, los registros de impuestos, entre otros.

Acompaña al inspector: es recomendable que estés presente durante la inspección para que puedas hacer preguntas y entender mejor los problemas que se encuentren.

Realiza una inspección visual: revisa la propiedad visualmente para detectar problemas, tales como paredes agrietadas, techos con goteras, problemas de plomería, entre otros.

Realiza una inspección de sistemas: el inspector debe revisar los sistemas de la propiedad, como la electricidad, la plomería, la calefacción y la refrigeración.

Realiza una inspección de seguridad: el inspector debe revisar los sistemas de seguridad, como alarmas, detectores de humo, extintores, entre otros.

Obtiene un informe detallado: una vez que se ha completado la inspección, el inspector debe proporcionar un informe detallado que incluya una descripción de los problemas identificados, su gravedad, y las recomendaciones para solucionarlos.

Realizar una inspección detallada es crucial para asegurarte de que la vivienda que estás comprando está en buenas condiciones. Si se descubren problemas importantes durante la inspección, puedes negociar con el vendedor para que realice las reparaciones necesarias antes de cerrar el trato o incluso puedes reconsiderar si quieres seguir adelante con la compra.

Es importante tener en cuenta que algunos problemas pueden ser más graves que otros. Por ejemplo, si se encuentra moho en la vivienda, esto puede indicar problemas de humedad y ventilación que pueden afectar la salud de las personas que viven allí. Los problemas estructurales, como cimientos agrietados o problemas de estructuras de techo, pueden ser costosos y difíciles de reparar.

Por otro lado, algunos problemas son más pequeños y pueden ser fácilmente resueltos. Por ejemplo, un grifo que gotea puede ser arreglado fácilmente y no debería ser una razón para abandonar la compra de una vivienda.

En general, es importante tener en cuenta la gravedad y la complejidad de los problemas que se encuentren durante la inspección, así como el costo de reparación y la urgencia de su reparación. Es posible que desees consultar con un inspector de viviendas o un contratista para obtener una mejor idea de los costos y la gravedad de los problemas que se encuentren.

Una vez que hayas evaluado los problemas que se encuentren, puedes considerar tus opciones y determinar si estás dispuesto a seguir adelante con la compra o si necesitas negociar con el vendedor para solucionar los problemas antes de la finalización de la venta. En algunos casos, puede ser necesario que rescindas el contrato de compra y busques otra vivienda que esté en mejores condiciones.

# 8 CIERRA LA COMPRA

Después de haber encontrado la casa de tus sueños, haber hecho una oferta y haber pasado la inspección, es hora de cerrar la compra. Este puede ser un proceso complicado, pero con la ayuda de un agente de bienes raíces experimentado y un abogado especializado en bienes raíces, podrás navegar por este proceso sin problemas. Aquí hay algunos pasos que debes seguir para cerrar la compra:

Haz una revisión final: Antes de cerrar la compra, es importante realizar una revisión final de la propiedad para asegurarte de que todo esté en orden y que se hayan realizado todas las reparaciones necesarias.

Obtén una aprobación hipotecaria: Si has obtenido una preaprobación hipotecaria, debes proporcionar la información requerida a tu prestamista para que puedan finalizar tu aprobación. Si aún no has obtenido una preaprobación hipotecaria, es importante que la solicites antes de cerrar la compra.

Obtén un seguro de propietario: Antes de cerrar la compra, debes obtener un seguro de propietario para proteger tu inversión. Es importante asegurarte de que el seguro cubra los riesgos que puedan afectar a la propiedad, como daños por incendios, inundaciones, robos, entre otros.

Obtén una garantía: Es importante que obtengas una garantía para cubrir cualquier problema que pueda surgir después de la compra. Una garantía puede cubrir problemas con los sistemas de la casa, como el sistema eléctrico, de plomería, calefacción, entre otros.

Firma los documentos: Cuando hayas asegurado tu

financiamiento, seguro y garantía, es hora de firmar los documentos de cierre. Estos documentos incluyen la escritura, el contrato de compraventa, el acuerdo de financiamiento, entre otros.

Haz el pago: Cuando hayas firmado los documentos, es hora de realizar el pago. Esto incluye el pago inicial, los costos de cierre y cualquier otro cargo que puedan aplicarse.

Recibe las llaves: Después de realizar el pago, es hora de recibir las llaves y convertirte en el propietario oficial de tu nueva casa.

Celebra: ¡Felicidades! Has cerrado la compra de tu casa de ensueño. Es hora de celebrar y disfrutar de tu nuevo hogar.

Cada uno de estos pasos es importante para asegurarte de que todo esté en orden antes de cerrar la compra. Si tienes alguna pregunta o preocupación, no dudes en hablar con tu agente de bienes raíces o abogado especializado en bienes raíces. Ellos estarán allí para ayudarte y guiar en todo el proceso. ¡Disfruta de tu nuevo hogar!

# ACERCA DEL AUTOR

Misael Carrizo es un apasionado de las ventas desde una temprana edad y convirtió su habilidad en un emprendimiento. Con el tiempo, esta pasión lo llevó a convertirse en un agente de bienes raíces certificado y dedicado a ayudar a las personas a encontrar la casa de sus sueños. Misael ha pasado años adquiriendo conocimientos en el campo de bienes raíces y ha perfeccionado sus habilidades en ventas y negociaciones para proporcionar un servicio excepcional a sus clientes. Él cree en la importancia de guiar a las personas a través del proceso de compra de vivienda, desde la creación de un presupuesto hasta la realización de una oferta y cierre de la compra. Misael se enorgullece de ofrecer un servicio personalizado y atento para ayudar a sus clientes a encontrar la casa perfecta para ellos y sus familias.